Decamps. 1874 - (Avril 27-28)

# CATALOGUE

DE BEAUX

# DESSINS ET AQUARELLES

ANCIENS ET MODERNES

PAR

Demarne, Fragonard, Géricault, Claude Lorrain, Louis Moreau
Pillement, le Titien, Decamps, etc., etc.

## BELLES AQUARELLES, PAR RAFFET

Provenant de la vente SAN DONATO

DONT LA VENTE AUX ENCHÈRES AURA LIEU

## HOTEL DROUOT, SALLE N° 4

**Les Lundi 27 et Mardi 28 Avril 1874**

A DEUX HEURES

---

**Me DELBERGUE-CORMONT,** Commissaire-Priseur,
rue de Provence, 8,
Assisté de **M. E. FERAL,** Peintre-Expert, rue de Buffault, 23,
CHEZ LESQUELS SE TROUVE LE PRÉSENT CATALOGUE.

---

**EXPOSITION PUBLIQUE**

Le Dimanche 26 Avril 1874, de 1 heure à 5 heures.

---

PARIS — 1874

## CONDITIONS DE LA VENTE

Elle sera faite au comptant.

Les Acquéreurs paieront CINQ POUR CENT, en sus des enchères.

# DÉSIGNATION

DES

# DESSINS ET AQUARELLES

## ALLEN (J.-V.)

1 — Paysage coupé par un cours d'eau où un enfant pêche à la ligne.

Aquarelle, signée et datée, 1832.

## AUGUSTIN

2 — Portrait de jeune Femme en buste, les épaules nues, les cheveux frisés, serrés par un ruban.

Très-beau dessin, crayon noir.

## AVERCAMP (Henri van)

3 — Canal glacé avec nombreux patineurs.

Très-belle aquarelle, signée du monogramme.

## BAGETTI (le Ch. J. P.)

4 — Vue de la ville de Tivoli aux environs de Rome.

Aquarelle.

## BEAUMONT (E. de)

5 — Le Garde champêtre.

Aquarelle, signée.

## BELLANGÉ (Hippolyte)

6 — Grenadier de la garde.

Plume.

## BELLANGÉ (Hippolyte)

7 — Pêcheurs sur la plage.

Aquarelle, signée.

## BENONVILLE (Jean)

8 — Femme dans l'attitude de la réflexion.

Croquis à la sanguine.

## BERNARD PICART

9 — Composition allégorique.

Encre de Chine.

10 — Jésus-Christ délivrant un possédé

Encre de Chine, rehaussée de blanc.

## BERNARD (Théodore)

11 — Quarante Esquisses, représentant les principales scènes de la vie de Notre-Seigneur Jésus-Christ, peintes en grisaille, sur papier, et portant à peu près toutes la signature : Théodoros. B.

Plusieurs ont été gravées par Sadeler.
Quatre de ces gravures sont réunies à la collection.

## BOILLY

12 — Scène de famille.

## BOISSIEU (J.-J. de)

13 — Étude d'arbres.

Encre de Chine.

## BOISSIEU (J.-J. de)

14 — Construction avec créneaux élevés sur l'arche d'un pont.

## BOISSIEU (J.-J. de)

15 — Paysage avec figures; au centre, une habitation avec terrasse, au-dessus de laquelle s'élève un bouquet d'arbres.

Aquarelle.

16 — La même, reproduite à la sépia rehaussée de blanc, avec variantes dans les figures.

## BOISSIEU (J.-J. de)

17 — Barques chargées arrêtées près d'un pont.

Aquarelle.

## BOISSIEU (J.-J. de)

18 — Maison en ruine.

Encre de Chine.

## BOISSIEU (J.-J. de)

19 — Maison italienne avec tourelle au bord d'une rivière.

Encre de Chine.

## BOISSIEU (J.-J. de)

20 — Pont surmonté d'une tour carrée.

Sépia signée des initiales et datée de Rome, 1766.

## BOISSIEU (J.-J. de)

21 — Maisons en ruines auprès d'une mare.

Encre de Chine, signée.

## BOISSIEU (J.-J. de)

(*Deux Pendants*)

22 — Buveur assis près d'une table.

23 — Homme assis au bord d'un chemin, les mains sur son bâton.

Plume et encre de Chine.

## BOISSIEU (J.-J. de)

24 — Paysage avec rochers et chute d'eau; sur le devant, le petit Chaperon rouge s'arrêtant à causer avec le loup.

Encre de Chine et sépia.

## BOISSIEU (J.-J. de)

25 — Constructions en ruines au bord d'une rivière.

Sépia.

## BOISSIEU (J.-J. de)

26 — Pont de pierre à plusieurs arches, avec tours carrées, barques et personnages.

Sépia rehaussée de blanc.

## BOISSIEU (J.-J. de)

27 — Sous ce numéro, qui sera divisé, seront vendus onze Dessins, Croquis et Études de figures et paysages.

## BONNINGTON

28 — La Dame au perroquet,

Aquarelle, signée.

## BONNINGTON

29 — Marine.

Sépia.
Vente Montesquiou Fezensac.

## BOTTICELLI (Sandro)

30 — Trois personnages debout.

Au verso, deux têtes d'hommes sur papier rougeâtre fait par achures et rehaussé de blanc à la gouache.

Précieux dessin provenant de la vente du roi de Hollande, Guillaume II.

## BOUCHER (J.-F.)

31 — Composition allégorique pour un portrait de la marquise de Pompadour.

Crayon noir, signée.

## BOUCHER (J.-F.)

32 — Sept Dessins.

Sanguine et crayon noir, rehaussés de blanc.

## BOUCHER (Attribué à J.-F.)

33 — L'Éducation de l'Amour.

Sanguine et crayon noir.

## BOUCHER (François)

34 — Modèle pour une horloge surmontée d'un vase et de deux Amours; sur le devant, un berger endormi.

Jolie aquarelle.

## BOUCHER (Attribué à J.-F.)

35 — Onze Dessins à l'aquarelle : Danseuses et Actrices dans les plus charmants costumes de l'époque.

## BOURDON (S.)

36 — La Fuite en Égypte.

Sépia, signée.

## BOURGEOIS

37 — Porte monumentale.

Sépia, signée.

## BRASCASSAT

38 — Berger et Moutons.

## CABAT

39 — Cerf en forêt.

Plume.

## CALLOW (Guillaume)

40 — Marine, temps orageux.

Belle aquarelle.

## CALLOW (Guillaume)

41 — Album contenant environ quatre-vingts dessins à la sanguine, d'une remarquable finesse.

## CANALETTI (Attribué à Antoine)

42 — Vues de Venise.

Trois dessins, plume et encre de Chine.

43 — Monuments en ruines et personnages.

Six dessins, traits et plume.

## CANO (Alonzo)

44 — Vision.

Plume et bistre.

## CARAVAGE (Polidore de)

45 — La Présentation de la Vierge au Temple.

Plume et encre de Chine.

## CARMONTELLE

46 — Portrait d'Enfant.

Mine de plomb et sanguine.

## CHAPRON

47 — L'Ivresse de Silène.

Plume et sépia.

## CHARLET

48 — Mendiants.

Sépia.

## CHARLET

49 — L'Invalide.

Aquarelle.

## CHARLET

50 — Enfant jouant au soldat.

Aquarelle signée.

## CLOUET (Genre de)

51 — Cinq dessins : Portraits en buste des personnages du temps.

Crayons de couleur.

## COIGNET (Jules)

52 — Vue de Suisse.

Pastel, signé.

## CONSTANTIN

53 — Paysage accidenté, avec château fortifié.

Encre de Chine.

## CORNEILLE (Claude)

54 — Portrait de Marie Touchet.

Mine de plomb et sanguine.

## DEBUCOURT

55 — Jeune Fille poursuivant un papillon.

56 — Jeune Femme tenant un médaillon.

Deux dessins. Crayon noir et encre de Chine.

## DECAMPS

57 — Odalisque jouant de la mandoline.

Jolie aquarelle, signée en toutes lettres.

## DELACROIX (Eugène)

58 — Don Quichotte.

Crayon noir.

59 — Waverley.

Crayon noir.

## DELLA BELLA (Stéphanus)

60 — Cavaliers et Soldats.

Plume.
Collection de M. W. Esdaille.

## DEMARNE

61 — Vaches au pâturage.

Beau dessin à l'encre de Chine sur papier gris, rehaussé à la gouache.

## DEMARNE

62 — Vaches au repos dans un paysage.

Encre de Chine sur papier bleu rehaussé de blanc à la gouache.

## DESFRICHE

63 — Ferme flamande.

Mine de plomb, signée.

## DESMAREST (Martin)

64 — Repas de gala donné aux Invalides à l'occasion de la bataille de Denain.

Encre de Chine.

## DEVÉRIA

65 — Fête sous Louis XV.

Aquarelle.

## DIAMANTINI

66 — Trente-trois dessins : Sujets mythologiques et sujets religieux.

Sanguine, sépia et crayon noir.

## DURER ? (Genre d'Albert)

67 — Tête de Christ couronné d'épines.

Signé du monogramme.

## DUSART (Corneille)

68 — Tête d'Homme.

Sépia, signée du monogramme.

## EVERDINGEN

(*Deux Pendants*)

69 — Paysages avec chaumières.

Aquarelles.

## FIELDING (Newton)

70 — Une Cour de ferme.

Jolie aquarelle, signée et datée, 1831.

## FIELDING (Newton)

71 — Marine.

Signé et daté, 1832.

## FORD (Th.)

72 — Cheval à l'écurie.

Aquarelle.

## FRAGONARD

73 — Charmille au milieu d'un parc.

Sanguine.

74 — L'Adoration des Bergers.

Sanguine.

75 — Guerrier combattant des monstres.

Très-beau et vigoureux dessin au bistre.

76 — Paysage; grands arbres au-dessous desquels se trouve une fontaine, avec bassin dans lequel des femmes lavent du linge.

Très-beau et vigoureux dessin au bistre.

77 — Vue prise dans le parc de Versailles. — Au premier plan, divers personnages se reposent assis sur les pelouses.

Très-beau dessin au bistre.

78 — Pont de pierre ombragé par de grands arbres.

Aquarelle.

79 — Consul romain, précédé des licteurs, s'apprêtant à monter à cheval.

Bistre, signé et daté, 1769.

80 — Le Serment d'Amour. — Première pensée du tableau gravé par Mathieu.

Sépia.

## GARNERAY (Louis)

81 — Marine. — Soleil couchant.

Aquarelle signée.

## GENNARI (Hercule)

82 — Saint Sébastien.

Beau dessin à la plume et au bistre, avec autre dessin au verso.

## GÉRICAULT

83 — Chevaux traînant une charrette et chevaux dételés mangeant leur avoine.

Sépia.

84 — Attelage de quatre chevaux.

85 — Chevaliers combattant.

Crayon noir rehaussé.

86 — Chevaliers combattant.

Crayon noir rehaussé.

87 — Prise d'Orléans.

Crayon noir rehaussé.

88 — Tête de jeune Fille.

Plume.

89 — Tête de jeune Fille.

Plume.

90 — Hercule et le Taureau.

Aquarelle.

91 — Lion et Serpent.

Plume.

92 — Cavalier renversé de cheval.

Plume.

## GÉRICAULT

93 — La Barque de Caron (dessin).

94 — Le Sermon de Bossuet sur la Mort (dessin).

Plume.

95 — Jésus chassant les Marchands du temple.

Plume.

96 — Une Femme et un Amour.

Plume et lavis.

## GRANDVILLE (J.-J.)

97 — Salvandy, Montalivet et Odilon Barrot.

Croquis à la plume.

## GUARDI (F.)

98 — Vue d'une place avec palais au centre.

Beau dessin au bistre, signé.

## GUERNIER (Louis du)

99 — François Tristan l'ermite, gentilhomme de la Maroche.

Signé et daté, 1648.
Mine de plomb sur vélin.

## HACKERT (de Naples)

100 — Vue du port de Marseille.

Aquarelle.

## HENNEQUIN

101 — Allégorie de la Mort de Louis XVI.

## HUET? (J.-B.)

102 — Jeune Berger retirant une flèche du sein d'une jeune Fille.

Sépia rehaussée de blanc.

## HUYSUM (Jean)

103 — Fleurs et Fruits.

Gouache.

## ISABEY

104 — Barque en détresse.

Sépia.

## JARDIN (Karel du)

105 — Paysage, avec tour au centre.

Joli dessin à l'encre de Chine, signé.

## JORDAENS (J.)

106 — Jésus chassant les Vendeurs du temple.

Aquarelle.

## JOYANT

107 — Palais avec grands escaliers.

Plume et sépia.

## JULES ROMAIN

108 — Des Anges appuyés sur une balustrade de pierre, soutenant des guirlandes de fruits.

Beau dessin, plume et sépia.

## KELLIN

109 — Vue d'Orient.

Aquarelle signée.

110 — Château fort au bord de la mer.

Pendant du précédent.
Aquarelle signée et datée, 1831.

## KLEIN

111 — La Récolte des foins et étude de chevaux.

Dessins et aquarelles, deux pièces.

## KLOTZ (B.)

112 — Vue de Geertruydemberg.

Plume et encre de Chine.
Signée et datée, 1672.

## KONING (Philippe de)

113 — Paysage hollandais, avec maisons, portes et pont-levis.

Jolie aquarelle.

## LANOUE (Hippolyte)

114 — Les Étangs. Soleil couchant.

Aquarelle

## LEHOUX

115 — Arabe au désert.

Aquarelle.

## LELEUX (Adolphe)

116 — Scène de la Révolution.

Mine de plomb, signée.

117 — Fête bretonne.

Mine de plomb signée.

## LIPPI (Philippo)

118 — Un Ange en prière.

Beau dessin à la sépia, rehaussé de blanc.

## LORRAIN (Claude Gelée dit le)

119 — Trois Femmes en voyage, chacune d'elles porte un fardeau, un jeune garçon marche à leurs côtés.

Très-beau dessin, plume et sépia.

120 — Paysage, avec constructions en ruines et chariot au premier plan.

Beau dessin, plume et sépia.

121 — Pêcheurs montés sur un bateau.

Beau dessin, plume et sépia, provenant des collections Esdaille et Th. Lawrence.

122 — Paysage. Au premier plan, l'Ange et Tobie.

Plume et sépia.

123 — Paysage, avec rochers surmontés de constructions.

Plume.

124 — Paysage, avec guerriers au premier plan.

Plume et sépia.

125 — Étude de bateaux.

Sépia.

## MACHY (P.-A. de)

126 — Monuments en ruines.

Aquarelle.

127 — Monuments en ruines, avec fontaine, figures et animaux.

Pendant du précédent.
Aquarelle.

## MASSARD et autres

128 — Portraits historiques pour les galeries de Versailles.

Douze dessins.
Mine de plomb.

## MASSARD, SANDOZ et autres

129 — Portraits historiques pour les galeries de Versailles.

Dix-huit dessins.
Mine de plomb.

## MIÉRIS (Willem)

131 — Sept Portraits de personnages hollandais dans des cartouches.

Dessin sur vélin d'une extrême finesse.

## MIÉRIS (Willem)

132 — Nymphes et Amours dans un paysage.

Pierre noire sur vélin, signé et daté, 1696.

## MOREAU (J.-M.)

133 — Scène de Famille.

Sépia.

## MOREAU (Louis)

134 — Les Baigneuses.

Des jeunes femmes se baignent dans un cours d'eau ombragé par de grands arbres.

Gouache.

135 — Le Repas sur l'herbe.

Dans un parc, des dames et des seigneurs boivent, assis à l'ombre de grands arbres.

Très-belle gouache d'une extrême finesse.

136 — Intérieur de Parc.

Un jet d'eau, entouré d'une balustrade de pierre, s'élance au milieu d'un parc, divers personnages animent cette composition.

Très-jolie gouache.

137 — Entrée de Parc, avec vases de marbre.

Gouache ovale.

## MOUCHERON

138 — Paysage, avec pont et constructions.

Plume et encre de Chine.

## NANTEUIL

139 — Portrait d'homme en buste.

Pastel.

## NEEFS (Peters)

140 — Intérieur d'église.

Gouache.

## NICOLLE (V.-J.)

141 — Vue du château et pont Saint-Ange, situé sur le Tibre, à Rome.

142 — Vue de Porto-Longone, sur la côte de Toscane, dans l'île d'Elbe, sur la mer Méditerranée.

Deux aquarelles de formes rondes.

143 — Intérieur de Couvent.

Aquarelle, signée.

## NILSON

*(Deux Pendants)*

144 — Scènes de comédie.

Charmants dessins, plume et encre de Chine.

## NORBLIN

145 — La Prédication.

Dessin important à l'encre de Chine et à la sépia.

146 — Le Calvaire.

A l'encre de Chine et sépia.

## OMMEGANCK

147 — Vaches au pâturage près d'un moulin.

Plume et encre de Chine, signé.

## OUDRY

148 — Cygne poursuivi par un chien.

Crayon noir rehaussé.

## OUVRIÉ (Justin)

149 — Le grand canal à Venise.

Aquarelle.

## PALAIOLO

150 — Le Christ debout.

Étude d'homme vu à mi-corps et autres croquis au verso.

Précieux dessin à la plume. Signé.

## PALMERIUS

151 — Animaux dans un paysage.

Plume et encre de Chine. Signé.

## PARMESAN (Mazzuoli dit)

152 — Souverain rendant un jugement.

Plume.

Collections Bougeny et Double.

153 — Étude d'après un écorché.

Plume.

## PARROCEL

154 — Combat de Cavaliers.

Encre de Chine.

## PAUQUET

155 — Cinq portraits : le duc de Bordeaux, la reine Hortense, Boissy-d'Anglas, Berrier, le général Bourmont.

Encre de Chine.

## PERINO (del Vaga)

156 — Divinités et monstres marins combattant.

Plume lavé de bistre.

Collection Boilly.

## PERRASSIN

157 — Le Christ au tombeau entouré d'anges.

Signé et daté 1854.

## PIAZZETTA

158 — Vingt-sept dessins études de têtes et figures académiques.

Crayon noir sur papier bleu rehaussé de blanc.

## PILLEMENT (Jean)

159 — Paysage rocheux avec chute d'eau et figures au premier plan.

Pastel en grisaille, Signé et daté.

## PIGAL

160 — Buvette en plein vent.

Belle aquarelle signée.

## PILS

161 — Chasseur à pied.

Plume.

## POUSSIN (Nicolas)

162 — Bas-relief antique.

Plume et encre de Chine.

## PROVOST (A.)

163 — Ville au bord d'une rivière.

Aquarelle, signée

## PUJOL

164 — Portrait d'homme du temps de Louis XVI.

Pastel, signé.

## RAFFET

165 — Revue passée par l'empereur d'Autriche.

L'Empereur à cheval, suivi de son état-major, salue le drapeau d'un régiment d'infanterie qui défile devant lui.

Belle aquarelle.

Vente San-Donato.

## RAFFET

166 — **Attelage Hongrois.**

Très-belle aquarelle.

Signée et datée, Vienne, 29 décembre 18[illegible]5.

Vente San-Donato.

## RAFFET

167 — **Kara-Sou-Bazar, Crimée.**

Une dizaine de personnages en costumes tartares, assis sur des divans, fument en cercle.

Belle aquarelle, signée et datée 1840.

Vente San-Donato.

## RAFFET

168 — **Famille florentine sur le seuil d'une maison.**

Peinture à l'huile sous verre.

Signée et datée : San-Donato, 1/13 janvier 1859.

## RAFFET

169 — **Paysans de la province d'Arménie.**

Un jeune homme debout et fumant, cause avec deux femmes, dont l'une allaite son enfant.

Belle aquarelle. Signée et datée : 24 mars, 1852.

Vente San-Donato.

## RAFFET

170 — Ouvriers Hongrois debout, les mains posées sur une hache.

Aquarelle. Signée et datée : Vienne, 28 décembre, 1855.

Vente San-Donato.

## RAFFET

171 — Trompette de chasseur d'Afrique.

## RAFFET

172 — Napoléon Ier.

Dessin gravé.

## RAFFET

173 — La dernière cartouche.

Sépia gravée.

## RAPHAEL (Attribué à)

174 — La Peste.

Sépia rehaussée de blanc à la gouache.

## REDOUTÉ

175 — Bouquet d'œillets.

Aquarelle, signée et datée, 1839.

## REDOUTÉ

176 — Bouquet de fleurs : anémones, oreilles d'ours, marguerites, etc.

Aquarelle, signée et datée 1838.

## REDOUTÉ

177 — Bouquet de fleurs.

Aquarelle, signée.

## REMBRANDT (Attribué à)

178 — Paysage avec construction surmontée d'une tourelle.

Aquarelle.

## ROBERT-ROBERT

179 — Intérieur d'une cathédrale gothique.

Aquarelle, signée.

## ROQUEPLAN (Camille)

180 — Costumes moyen âge.

Aquarelle.

## ROSA (Salvator)

181 — Saint-Pierre et Saint-Paul.

Sépia.

## RUBENS (Attribué à)

182 — Guirlande de fleurs et fruits.

Peinture en grisaille.

## SAFTLEVEN (Herman)

183 — Vue d'Utrecht.

Encre de Chine.

## SLINGELANT

184 — Portrait de femme.

Mine de plomb sur vélin.

## SAINT-AUBIN

185 — Vue du dôme de l'abbaye du Panthéon.

Aquarelle, signée du monogramme.

186 — Gisa 1779.

Aquarelle.

187 — Jeune femme occupée à lire et jeune homme dessinant d'après une statue.

Aquarelle.

188 — Une des salles du Palais de Justice.

Encre de Chine et sépia.

## SAINT-AUBIN (Gabriel de)

189 — Musiciens, attelages, etc.

Cinq croquis sur une même feuille.
Mine de plomb et sépia.

## SARRAZIN

190 — Moulin avec pont de bois et construction près d'une rivière.

Plume et encre de Chine, signé.

## SARRAZIN

191 — Rochers au pied desquels passe un cours d'eau.

Encre de Chine.

## SCHLICK (le comte)

192 — Vue de l'autel situé dans le premier cloître de Santa Maria Novella, à Florence.

Sépia.

## SCHOTEL

193 — Marine : Mer houleuse avec navire à voile arrivant au port.

Belle aquarelle, signée.

## SCHUMAN

194 — Portrait de Colin, sous-directeur des Musées royaux sous Louis XV.

Encre de Chine, rehaussée de blanc.

Dessin gravé.

## SPAENDONCK

195 — Vase sur une table de marbre contenant des fleurs.

Aquarelle.

## STRY (A. van)

196 — Enfants sur la porte d'une maison hollandaise.

Sépia signée et datée, 1823.

## SWEBACH

197 — Un camp.

Aquarelle.

## SWEBACH

*(Deux Pendants)*

198 — Officier à cheval.

199 — Dame à cheval.

Encre de Chine, rehaussée à la gouache.

## SWEBACH (Édouard)

200 — Halte de troupes en campagne.

Aquarelle.

## TESSON

201 — Pont de pierre près duquel des femmes lavent du linge.

Aquarelle, signée.

## THIBAULT

202 — Arche de pont sous laquelle on aperçoit un palais.

Signé.

## TIEPOLO

203 — Quatre dessins.

Plume et sépia.

## TITIEN

204 — Paysage avec cours d'eau et cavalier.

Plume.

205 — Paysage montueux avec constructions.

Plume.

Collection W. Esdaille.

206 — Un ours.

Beau dessin à la plume, gravé.

Provenant des collections W. Esdaille et Th. Lawrence.

207 — Paysage montueux avec maisons.

Plume.

## VAN LOO (Genre de Ch.)

208 — Le comte de Charollais.

Pastel de forme ovale.

## VAN DE VELDE (Willem)

209 — Flotte hollandaise.

Plume et encre de Chine.

## VAN DE WELDE (Willem)

210 — Marine.

Plume et encre de Chine.

Vente de Guillaume II.

211 — Combat naval.

Plume et encre de Chine.

## VERDUSSEN

212 — Combat de chevaliers.

Plume et encre de Chine.

## VERNET (Carle)

(*Deux Pendants*)

213 — Soldat écossais et sa famille.

214 — Tambour de l'armée anglaise.

Aquarelles

## VERNET (Horace)

215 — Officier à cheval.

Aquarelle.

216 — Guerre de Grèce.

Sépia.

## VERNET (Horace)

217 — Une Batterie.

Sépia

218 — Charge de cavalerie.

Sépia.

## VIDAL

219 — Soubrette Louis XV.

Crayon rehaussé de blanc

220 — Jeune Femme vue à mi-corps.

Crayon rehaussé de blanc.

## VIEN (Joseph)

221 — Religieux offrant des fleurs.

Plume et sépia, signé.

## VINCI (Léonard de)

222 — Un Homme ouvrant la gueule d'un lion.

Beau dessin à la plume et au bistre.

## VISCHER

223 — Portrait de femme âgée.

Crayon noir.

## WATELET

224 — Paysage à cours d'eau et pont de bois.

Aquarelle, signée.

## WATTIER (Émile)

*Deux Pendants*

225 — L'Été : Nymphes et Amours jetant des fleurs.

226 — L'Automne : Vénus sur son char.

Crayon noir rehaussé de blanc. Signé.

## WILLAERTS

227 — Différents personnages.

Croquis à la plume.

## ZAIS (Joseph)

*Deux Pendants*

228 — Troupe de brigands et cavaliers.

229 — Attaque de brigands.

Plume et encre de Chine, avec la gravure.

## ZUGNO

230 — Trente et un dessins, sujets religieux à la pierre noire.

Signés.

## ÉCOLE ALLEMANDE (Ancienne)

231 — Jeune Femme debout, tenant une fleur et portant une coiffure avec plumes.

Précieux dessin à la plume

## ÉCOLE ITALIENNE

232 — L'Atelier de dessin.

Sépia gravée.

## ÉCOLE ALLEMANDE

233 — Abigaïl présentée au roi David.

Plume et sépia.

234 — Un lot de dix dessins, par Cantarini, Pompeo. Ghitti et autres.

235 — Un lot de vingt-deux dessins, par le Caravage, Palma, Vecchio, Zanchi et autres.

236 — Un lot de dix-sept dessins, par J. Carpioni, Palma, Vecchio, Fontebasso et autres.

237 — Un lot de dix-sept dessins de l'École italienne, par Carracci, Castiglione, G. Benso, etc.

238 — Un lot de seize dessins, par Diamantini et autres.

239 — Un lot de douze dessins, par Lucas Giordano, F. Zuccaro, C. Maratti et autres.

240 — Un lot de dix-huit dessins, par C. Maratta, Solimena, Raphaelo da Regio et autres.

241 — Un lot de dix-sept dessins, par Sébastien Ricci, Palma le jeune et autres.

242 — Trois dessins, dont deux attribués à J. Romain et un au Rosso.

243 — Un lot de vingt-deux dessins, par Salambini, Giordano, Benedetto Lutti et autres.

244 — Un lot de quinze dessins, par Solimène, Benedetto, Lutti et autres.

245 — Un lot de six dessins, par Tiepolo et autres.

246 — Quatre dessins attribués au Tintoret, au Rosso et à Tiepolo.

247 — Croquis à la plume, attribués au Tintoret, et un paysage, par Della-Bella.

248 — Dix dessins attribués au Tintoret, Titien, And. del Sarto, Guerchin et autres.

249 — Six dessins attribués au Titien, Guido Reni, Angelico da Fiesole et Zanetti.

250 — Un lot de vingt dessins, par Zanchi, B. Mingardi J. Guaraux, Ant. Novelli et autres.

251 — Un lot de quatorze dessins, par Zucchi, le Padouan et autres.

252 — Un lot de quinze dessins de l'École italienne, par Palma, Carracci et autres.

253 — Un lot de vingt-deux dessins, par Paolo Farinati, Ant. Gandini, D. Tiepolo et autres.

254 — Un lot de seize dessins, par Pellegrini, Lanfranc. F. Mola, Bonacini et autres.

255 — Un lot de dix-huit dessins, par Pelligrino, Tibaldi. Valerio, Castelli et autres.

256 — Deux dessins, par Perino del Vaga et Palma.

257 — Un lot de dix-sept dessins, par Pordenone, Zanchi, Ant. Fumiani et autres.

---

258 — Sous ce numéro seront vendus de nombreux dessins, aquarelles et pastels non catalogués.

Ves Renou, Maulde et Cock, impts de la Compagnie des Commissaires-Priseurs, rue de Rivoli, 144. (268)

www.ingramcontent.com/pod-product-compliance
Ingram Content Group UK Ltd.
Pitfield, Milton Keynes, MK11 3LW, UK
UKHW022145170726
13837UKWH00004B/1795

9 782329 521473